Janine Erdstein

Syntaktische Datenmodelle im Vergleich

Hierarchische, Netzwerk- und Relationale Datenbanksysteme

Janine Erdstein

# Syntaktische Datenmodelle im Vergleich

## Hierarchische, Netzwerk- und Relationale Datenbanksysteme

GRIN Verlag

Bibliografische Information der Deutschen Nationalbibliothek: Die Deutsche Bibliothek
verzeichnet diese Publikation in der Deutschen Nationalbibliografie; detaillierte bibliografische Daten sind im Internet über http://dnb.d-nb.de/ abrufbar.


1. Auflage 2007
Copyright © 2007 GRIN Verlag
http://www.grin.com/
Druck und Bindung: Books on Demand GmbH, Norderstedt Germany
ISBN 978-3-638-91129-0

# Syntaktische Datenmodelle im Vergleich: Hierarchische, Netzwerk- und Relationale Datenbanksysteme

# Abkürzungsverzeichnis

HDBM............................................Hierarchisches Datenbankmodell

IMS...............................................Information Management System

NDBM...........................................Netzwerkdatenbankmodell

DBTG............................................Data Base Task Group

CODASYL.....................................Conference on Data Systems Language

UDS..............................................Universal Datenbank System

RDBM...........................................Relationales Datenbankmodell

SQL...............................................Structured Query Language

QBE..............................................Query by Example


# Abbildungsverzeichnis

# Tabellenverzeichnis

# 1 Einleitung

Die theoretische Grundlage eines Datenbanksystems ist ein Datenbankmodell, welches die Realität vereinfacht, abstrahiert und ein korrektes Abbild der zugrunde liegenden Daten darstellt.[1]

Allgemein dienen Datenbanken der effizienten Organisation, Erzeugung, Manipulation und Verwaltung großer Datenmengen. Sie strukturieren die Daten mit Hilfe diverser Datenbankmodelle und stellen ihre Beziehungen zueinander dar.

In der heutigen Zeit gibt es mehrere Ansätze für Datenmodelle, wie beispielsweise

- das hierarchische Datenbankmodell (HDBM),
- das Netzwerk-Datenbankmodell (NDBM),
- das relationale Datenbankmodell (RDBM).

Abbildung 1 stellt die Entwicklung der Datenbankmodelle dar:

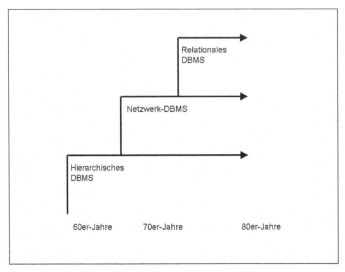

**Abbildung 1: Entwicklung der DBMS[2]**

---

[1] Quelle: Eggendorfer (2004), S. 67

[2] Eigene Darstellung in Anlehnung an Lusti (1997), S. 185

Die Entwicklung vollzog sich in mehreren Schritten. Am Anfang, in den 50er Jahren, waren die wesentlichen Medien für Daten noch Papier und Magnetbänder. In den frühen 60er Jahren gab es bereits Magnetplatten (z.b. Festplatten und Disketten) und kurze Zeit später wurde die erste Datenbank, das hierarchische Datenbankmodell, entwickelt.

In den 70er Jahren folgte das NDBM und fast zeitgleich, obwohl erst Ende der 70er Jahre umgesetzt, entstand die Idee des RDBM. Das HDBM und das NDBM sind heute kaum noch gebräuchlich und das RDBM stellt den Standard für Datenmodelle dar. Trotzdem haben alle der im Folgenden vorgestellten Modelle einen unterschiedlichen Aufbau und Stärken und Schwächen, die näher erläutert werden.

Allgemein kann festgehalten werden, dass bei der Auswahl eines Datenbankmodells eine umfangreiche Analyse über die gewünschten Anforderungen notwendig ist.[3]

---

[3] Quelle: Haindl (1984), S. 40

## 2 Hierarchisches Datenbanksystem

Das älteste Datenbanksystem ist das hierarchische Datenbankmodell. Es wurde in den 50er und 60er Jahren entwickelt und entstand aus dem „Wunsch, Datensätze variabler Länge auf einfache Weise verarbeiten zu können"[4]. Aus dieser Grundlage resultierte ein Datenbankverwaltungssystem, das als fertiges Softwareprodukt vermarktet wurde[5]. Ein Beispiel für ein HDM ist das Information Management System (IMS) für kaufmännische Anwendungen von IBM, das heute noch vielen Unternehmen, vor allem bei Banken und Versicherungen, zur Datenverwaltung zugrunde liegt.

### 2.1 Aufbau

Der grundlegende Aufbau eines HDBM besteht in einer klassischen Baumstruktur, in der alle Hierarchien inklusive ihrer Beziehungen zueinander dargestellt werden. Nach einem streng hierarchischen Prinzip werden alle logischen Zusammenhänge der Realität in eine Datenbank übertragen. Abhängig von der Anzahl der Hierarchieebenen ist die Baumstruktur ein- oder mehrstufig.[6]

Ein Baum besteht aus Kanten und Knoten, wobei die Kanten die Verbindungen zwischen den Knoten darstellen.[7] Wie in Abbildung 2 ersichtlich ist, sind die Namen der Mitarbeiter des Unternehmens die Knoten und die Verbindungen der Mitarbeiter untereinander sind durch Kanten gekennzeichnet.

---

[4] Quelle: Vossen (1994), S. 83

[5] Quelle: Schmidt (1987), S. 68

[6] Quelle: Stahlknecht (1995), S. 202

[7] Quelle: Haindl (1984), S. 41

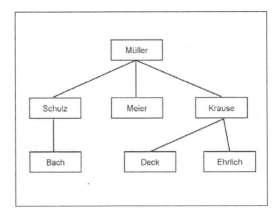

**Abbildung 2: Beispiel einer Baumstruktur**

Durch die Darstellung der Hierarchie in einer Baumstruktur wird ersichtlich, dass Müller der Vorgesetzte von Schulz, Meier und Krause ist. Schulz wiederum ist Bach übergeordnet, während Deck und Ehrlich Herrn/Frau Krause untergeordnet sind.

Des Weiteren ist für das HDM kennzeichnend, dass jeder Knoten, welcher auch Entitytyp genannt wird, genau einen Vorgänger hat, aber mehrere Nachfolger besitzen kann.[8] Die Entitytypen, von denen mindestens eine Kante ausgeht, sind so genannte Parentsegmente und die Entitytypen, an denen eine Kante endet, sind die Childsegmente und werden oft als Blätter des Baumes bezeichnet. Nach diesen Merkmalen ergibt sich ein Entitytyp, der auf oberster Ebene steht, hier Müller, welcher auch als Wurzelsegment bezeichnet wird. Alle anderen Knoten sind abhängige Segmente, von denen nur ein eindeutig definierter Weg, auch Zugriffspfad genannt, zum Wurzelsegment führt.[9]

## 2.2 Vorteile

Ein Vorteil des hierarchischen Systems ist der einfache Aufbau, der durch die Darstellung in einer Baumstruktur gegeben ist. Die Anwender bzw. Benutzer können diese Struktur sehr leicht verstehen, wodurch eine schnelle Nachvollziehbarkeit gewährleistet ist. Des Weiteren ist durch die eindeutige Hierarchie ein schneller Zugriff auf die Daten bei Abfragen möglich. Es existieren keine mehrdeutigen Wege, sondern nur ein einziger definierter Pfad, der immer beim Wurzelsegment endet.

---

[8] Quelle: Stahlknecht (1995), S. 202
[9] Quelle: Haindl (1984), S. 42

4

## 2.3 Nachteile

Ein großer Nachteil des HDM ist die Darstellung von m:n-Beziehungen, da diese ohne Redundanzen nicht in der Baumstruktur erfasst werden können.

Arbeitet beispielsweise Deck aus Abbildung 2 gleichzeitig an zwei Projekten, durch die er sowohl Schulz als auch Krause gleichermaßen untergeordnet ist, ergibt sich die Unmöglichkeit der Darstellung im HDBM, da kein eindeutig definierter Weg zur Wurzel vorhanden ist, weil Deck mehr als einen Vorgänger hat, wie Abbildung 3 zeigt. Diese Struktur wird dadurch unzulässig.[10]

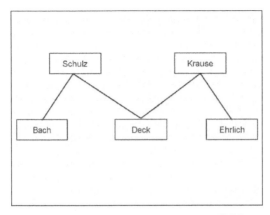

**Abbildung 3: unzulässige Beziehungen im HDBM**

Um dies zu umgehen, trennt man die m:n-Beziehungen in 1:n-Beziehungen auf und stellt diese getrennt dar, wie in Abbildung 4 ersichtlich ist.

---

[10] Quelle: Reese (2007), S. 55

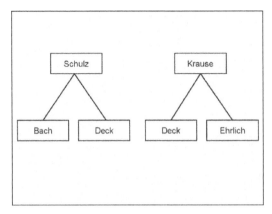

**Abbildung 4: m:n-Beziehung im HDBM**

Bei dieser getrennten Darstellung wird Deck sowohl Schulz als auch Krause zugeordnet, wodurch aber der Mitarbeiter Deck wiederholt auftritt. An dieser Stelle wird deutlich, dass sich m:n-Beziehungen im HDBM nicht ohne Redundanzen darstellen lassen.

Des Weiteren können HDBM nur mit der Baumstruktur arbeiten. Das bedeutet, dass Verknüpfungen zwischen verschiedenen Bäumen oder über mehrere Ebenen nicht möglich sind.

Ein weiterer Nachteil ist das Fehlen der Möglichkeit, alle vorhandenen Datenabhängigkeiten, die in der betrieblichen Realität existieren, im HDBM abzubilden. Die vielen Verzweigungen und Teilzugehörigkeiten können nicht in der strengen Hierarchie des HDBM abgebildet werden. An diesem Punkt stößt das Modell an seine Grenzen und wird deshalb für neuere DBMS nicht mehr verwendet.[11]

---

[11] Quelle: Stahlknecht (1995), S. 204

# 3 Netzwerk-Datenbanksystem

Aus den Einschränkungen des HDBM resultierte die Entwicklung des Netzwerkdatenbank-modells, welches im Jahr 1971 erstmalig von der Data Base Task Group (DBTG), die zur Gruppe der Exicutive Committes der Conference on Data Systems Languages (CODASYL) gehört, vorgeschlagen wurde.[12] Die CODASYL ist eine Vereinigung wichtiger amerikanischer Computeranwender und Hersteller, welche die Aufgabe haben, Standards im Computer-Bereich zu schaffen.[13]

Das NDBM basiert auf dem Drei-Schichten-Modell, welches aus der logischen, der externen und der internen Ebene besteht.[14]

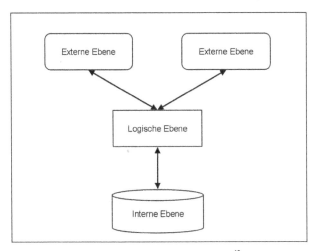

**Abbildung 5: Drei-Schichten-Modell[15]**

Die interne Ebene ist die physische Sicht, in der die Daten so gespeichert werden, dass die Anforderungen der Benutzer für Zugriffe erfüllt werden. Auf der logischen Ebene erfolgt die Festlegung der Gesamtsicht der Daten und die externe Ebene ist die Benutzersicht, wobei die Darstellung der Daten benutzerfreundlich erfolgt.[16]

---

[12] Quelle: Haindl (1984), S. 40

[13] Quelle: Gabriel, Röhrs (1994), S. 142

[14] Quelle: Reese (2007), S.76f

[15] Quelle: Schreiber (2007), S. 4

[16] Quelle: Schreiber (2007), S. 3

Ein bekanntes Beispiel für ein NDBM ist das Universal Datenbank System (UDS) von Siemens, welches 1976 entwickelt wurde.

## 3.1 Aufbau

Der grundsätzliche Aufbau des NDBM ähnelt dem des HDBM, da auch hier die Datenstrukturen aus Knoten und Kanten bestehen.[17] Das NDBM kann insgesamt als Verallgemeinerung des NDBM verstanden werden.

Der Unterschied der beiden Modelle besteht darin, dass beim NDBM jeder Entitytyp mehrere Vorgänger und Nachfolger haben kann und es sind mehrere Entitytypen darstellbar, die keine Vorgänger haben.[18] Demnach gibt es kein Wurzelsegment. Des Weiteren sind die Kanten gerichtet und werden benannt, um die verschiedenen Verknüpfungen zu unterscheiden.[19]

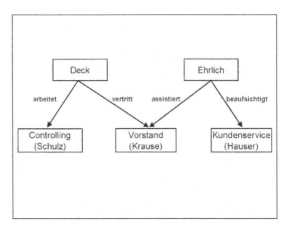

**Abbildung 6: Netzwerkdatenbankmodell**

Wie in Abbildung 6 ersichtlich ist, arbeitet Herr Deck für die Abteilung Controlling von Herrn Schulz, vertritt aber gleichzeitig den Vorstand Herr Krause. Herr Ehrlich assistiert dem Vorstand und beaufsichtigt nebenbei den Kundenservice. Die Entitytypen Deck und Ehrlich haben mehrerer Nachfolger und der Vorstand hat mehrere Vorgänger. In dieser Abbildung stellt der Vorstand den Verknüpfungs-Entitytyp dar, da er von zwei Vorgängern angesprochen wird.

---

[17] Quelle: Haindl (1984), S. 40
[18] Quelle: Stahlknecht (1985), S. 204
[19] Quelle: Haindl (1984), S. 40

Die strenge Hierarchie wird beim NDBM durch die Möglichkeit, Links und Verknüpfungen auf andere Dateien zu erzeugen, aufgebrochen.[20]

## 3.2 Vorteile

Insgesamt haben NDBM gegenüber HDBM den Vorteil der höheren Leistungsfähigkeit, da sie im Aufbau durch das Vorhandensein mehrerer Vorgänger, den benannten Kanten, der Verknüpfungen und Links komplexer sind.

Im Vergleich zu relationalen Datenbanken sind NDBM jedoch speicher- und laufzeiteffizient implementierbar, da sich die Datenbeschreibung und –manipulation stärker an die physische Darstellung der Objekte und ihrer Beziehungen auf einen bestimmten Rechner anpasst. Des Weiteren sind sie weniger einschränkend als relationale Datenbankmodelle, da sie Wiederholungsgruppen erlauben und auch keine ausdrücklichen Attribute für Verbindungen erfordern.[21]

## 3.3 Nachteile

Die Nachteile von NDBM sind im Vergleich zu NDBM die aufwändigere Implementierung und das schwierige Finden von Datensätzen aufgrund des komplexen Netzwerks. Auch in NDBM lassen sich m:n-Beziehungen nicht direkt darstellen, sondern müssen über Schnittdatensätze durch 1:n-Beziehungen realisiert werden.[22] Durch diese Schnittdatensätze leidet die Plausibilität der Struktur für die Anwender, da die leichte Nachvollziehbarkeit nicht mehr gegeben ist.

Eine Manipulation von Daten ist kompliziert, da sie in Netzwerksystemen nur in Tabellenzeilen bzw. Sätzen möglich ist. Durch diese mangelnde Flexibilität bei Änderungen einer Datenbank aufgrund der starren Struktur eignen sich die NDBM hauptsächlich für statische Datenbankstrukturen.[23]

---

[20] Quelle: Eggendorfer (2004), S. 71
[21] Quelle: Lusti (1997), S. 144
[22] Quelle: Salton, Mac Gill (1987), S. 400
[23] Quelle: Lusti (1997), S. 188,189

# 4 Relationales Datenbanksystem

Das aktuellste Datenbanksystem ist das relationale Datenbankmodell. Es wurde fast zeitgleich (1970) mit dem NDBM erstmals veröffentlicht. Die Entwicklung dauerte fünf Jahre und stammt von einem amerikanischen Mathematiker und Wissenschaftler namens Codd[24], der für seine andauernden Arbeiten auf diesem Gebiet 1981 den Turing-Award als höchste Auszeichnung in der Informatik erhielt.[25]

Lange Zeit galt das Relationenmodell als „Schreibtisch-Entwicklung"[26], aber durch die leistungsstarke Hardware Anfang der 80er Jahre war es schließlich möglich, das RDBM zu implementieren.[27] 1985 wurden die Merkmale von Relationenmodellen in 12 Regeln von Codd zusammengefasst, welche im weiteren Verlauf näher erläutert werden. Wie das NDBM wendet auch das RDBM das Drei-Schichten-Modell an.

Ein bekanntes Beispiel für ein RDBM ist Access von Microsoft.[28] Es besteht aus vier Komponenten: Tabellen, Formulare, Abfragen und Berichten.

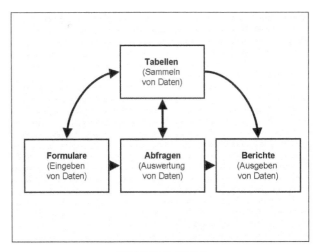

**Abbildung 7: Access**

---

[24] Quelle: Stahlknecht (1985), S. 205

[25] Quelle: Eggendorfer (2004), S. 72

[26] Quelle: Gabriel, Röhrs (1994), S. 118

[27] Quelle: Niedereichholz, Kaucky (1992), S. 15

[28] Quelle: Albrecht, Nicol (2004), S. 109

Die Tabellen einer Access-Datenbank enthalten alle Daten. Über Formulare können die Daten leicht eingegeben werden und über Abfragen ist eine gezielte Selektion von Daten möglich. In Berichten werden die Daten letztendlich ausgegeben.[29]

## 4.1 Aufbau

Im Gegensatz zu den bisher vorgestellten Datenbankmodellen verwendet das RDBM keine grafischen Darstellungen, sondern nutzt eine tabellarische Darstellungsmethode.[30] Alternativ gibt es die mathematische Schreibweise in der Mengentheorie als Darstellungsform.[31] Alle Datensätze werden demnach in einer zweidimensionalen Tabelle erfasst, wobei jede Zeile einen Datensatz enthält und die Reihenfolge der einzelnen Zeilen nicht relevant ist. In den Spalten werden die Merkmale der Datensätze abgetragen, wobei auch hier die Reihenfolge ohne Bedeutung ist.[32]

Die grundlegenden Bezeichnungen in einem RDBM sind in folgender Tabelle aufgelistet:

| Bezeichnung | Bedeutung |
| --- | --- |
| Tupel | Zeile, Datensatz |
| Attribut | Spalte, Merkmal |
| Relation | Tabelle |

**Tabelle 1: Bezeichnungen im RDBM**

Durch jede Zeile in einer Relation wird ein Objekt aus der Realität repräsentiert.

Zur eindeutigen Identifizierung bestimmter Datensätze verwendet man Primärschlüssel[33], das bedeutet, dass einem Merkmal ein Schlüssel zugewiesen wird, anhand dessen, man die Datensätze differenzieren kann. Dieser Primärschlüssel ist nur einmal in der gesamten Tabelle vorhanden.

---

[29] Quelle: Albrecht, Nicol (2004), S. 22

[30] Quelle: Stahlknecht (1985), S. 205

[31] Quelle: Niedereichholz, Kaucky (1992), S. 17

[32] Quelle: Reese (2007), S. 87

[33] Quelle: Microsoft Corporation (2003)

11

| Mitarbeiternr. | Name | Vorname | Geburtsdatum |
|---|---|---|---|
| 123456 | Müller | Hans | 12.03.1954 |
| 123457 | Schulz | Werner | 12.03.1954 |
| 123458 | Müller | Hans | 25.07.1982 |

Tabelle 2: Primärschlüssel

Wie in Tabelle 2 erkennbar ist, führen natürliche Schlüssel, wie Name und Geburtsdatum zu Mehrfachnennungen bei der Suche und können außerdem Datenschutzprobleme darstellen. Deshalb werden häufig künstliche Schlüssel als Primärschlüssel eingesetzt, wie hier die Mitarbeiternummer, die anwendungsneutral, ohne Aussagekraft und eindeutig definiert sind[34], denn wie in Tabelle 2 ersichtlich ist, existiert jede Mitarbeiternummer nur einmal.

Einzelne Tabellen werden durch Beziehungen verbunden. Das bedeutet, dass Daten voneinander vollständig unabhängig sind, worin auch der hauptsächliche Unterschied des RDBM zu den bisherigen Modellen liegt.[35] Diese Beziehungen können über so genannte Fremdschlüssel realisiert werden. Enthält eine Tabelle eine Spalte mit einem Primärschlüssel einer anderen Tabelle, wird diese Spalte Fremdschlüssel genannt.[36]

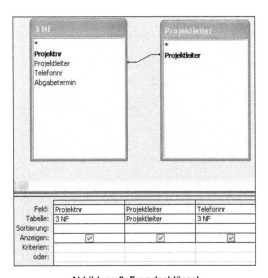

Abbildung 8: Fremdschlüssel

---

[34] Quelle: Meier (1998), S. 3

[35] Quelle: Niedereichholz, Kaucky (1992), S. 18

[36] Quelle: Albrecht, Nicol (2004), S. 112

In Abbildung 8 sind die Tabellen 3NF und Projektleiter miteinander verbunden über das Attribut Projektleiter. Erstellt man nun eine Abfrage, in der die Projektnummer als Primärschlüssel der Tabelle 3NF steht und der Projektleiter als Primärschlüssel der Tabelle Projektleiter, so wird das Attribut Projektleiter in der neuen Tabelle als Fremdschlüssel bezeichnet.

Alle anderen Merkmale in einer Tabelle werden als einfache Schlüssel bezeichnet[37].

### 4.1.1 Integritätsbedingungen

In einer Datenbank bedeutet Integrität, dass keine widersprüchlichen Daten vorhanden sind. Er wird unterschieden in die Entity- und die referentielle Integrität. Mit der Entity-Integrität soll sichergestellt sein, dass in jeder Zeile einer Tabelle ein Primärschlüssel vorhanden ist, damit die Zeile eindeutig zuordenbar bleibt.[38] Diese notwendige Eindeutigkeit wird von vielen Datenbanksystemen automatisch geprüft, wenn ein Primärschlüssel festgelegt wird.[39] In Access beispielsweise kann jedoch auch ohne Primärschlüssel gearbeitet werden. Die referentielle Integrität verlangt, dass in allen 1:n-Beziehungen jeder Fremdschlüsselwert genau einem Primärschlüssel entspricht.[40]

Sind diese Integritätsbedingungen verletzt, entsprechen die Daten nicht den Anforderungen eines RDBM.[41]

### 4.1.2 Regeln

Wie bereits angesprochen, gibt es 12 grundlegende Regeln für RDBM, die Codd selbst definierte. In der Praxis werden diese Regeln von den Datenbanken nicht vollständig umgesetzt.[42]

Die Grundregel lautet, dass Datenbanken ausschließlich über relationale Leistungsmerkmale, also mengenorientiert verwaltet werden. Die 12 Regeln nach Codd sind Folgende:

1. Darstellung von Informationen

2. Zugriff auf Daten

3. Systematische Behandlung von Nullwerten

---

[37] Quelle: Salton, Mac Gill (1987), S. 388

[38] Quelle: Sauer (1994), S. 27f

[39] Quelle: Lusti (1997), S. 146

[40] Quelle: Lusti (1997), S. 145

[41] Quelle: Sauer (1994), S. 28

[42] Quelle: Eggendorfer (2004), S. 73

4. Struktur einer Datenbank

5. Abfragesprache

6. Aktualisieren von Sichten

7. Abfragen und Bearbeiten ganzer Tabellen

8. Physische Datenunabhängigkeit

9. Logische Datenunabhängigkeit

10. Unabhängigkeit der Integrität

11. Verteilungsunabhängigkeit

12. kein Unterlaufen der Abfragesprache[43]

Demzufolge müssen Informationen als Werte in Tabellen dargestellt werden (Regel 1), jeder elementare Wert ist über eine Kombination aus Tabellenname, Primärschlüssel und Attribut logisch abrufbar (Regel 2) und Nullwerte werden als unbekannte oder fehlende Daten behandelt und unterscheiden sich somit von anderen Werten, beispielhaft in Tabelle 3 dargestellt.

| Name | Gehalt | Bemerkung |
|------|--------|-----------|
| Müller | 3.100 | |
| Schulz | 0 | Ehrenamtlich |
| Müller | | Gehalt in Verhandlung |

**Tabelle 3: Nullwerte**

Ein Nullwert in der Spalte bei Müller bedeutet nicht, dass er kein Gehalt bekommt, sondern, dass, wie in Bemerkung angegeben ist, sein Gehalt noch verhandelt wird. In diesem Fall fehlt der Wert noch. Bei Schulz währenddessen ist eine Null, da er ehrenamtlich arbeitet und somit auch kein Gehalt bekommt.

Regel 4 besagt, dass die Inhalte der Datenbank in einem Systemkatalog auf logischer Ebene beschrieben werden, wodurch eine Abfrage mittels Datenbanksprache möglich ist. Weiterhin existiert eine einheitliche relationale Sprache für Datendefinition, Manipulation, Integritätsregeln, Autorisierung und Transaktionen (Regel 5) und externe Datensichten sind automatisch aktualisierbar, zeigen also die aktuellsten Werte (Regel 6). Das Einfügen, Löschen und Modifizieren von Datensätzen ist möglich (Regel 7).

---

[43] Quelle: Mylatz (2007)

Des Weiteren ist der logische Zugriff auf die Daten unabhängig von der physischen Speicherstruktur (Regel 8) und umgekehrt haben physische Änderungen durch die logische Datenunabhängigkeit keinen Einfluss auf die Logik der Datenbank (Regel 9). Regel 10 sagt aus, dass sich die Integritätsbedingungen in der Datenbanksprache definieren lassen müssen und keine Möglichkeit zur Umgehung der Regeln vorhanden ist.

Verteilungsunabhängigkeit bedeutet, dass sich der logische Zugriff auf Daten beim Übergang von einer nicht-verteilten auf eine verteilte Datenbank nicht ändern darf (Punkt 11).[44] Dies bedeutet, dass es für den Benutzer keinen Unterschied machen darf, ob er mit einem zentralen oder einem verteilten Datenbanksystem arbeitet.[45] Punkt 12 untersagt die Umgehung der Integritätsregeln, die in einer Programmiersprache formuliert wurden, durch eine Low-Level-Sprache, also eine systemnahe Sprache.[46]

1990 erweiterte Codd diese Anforderungen auf die Zahl 333, durch die ein RDBM komplett charakterisiert wird.

### 4.1.3 Normalisierung

Die Normalisierung ist eine Theorie zur Verteilung der Merkmale auf Tabellen. Das Ziel ist die Vermeidung von Redundanzen innerhalb der Relationen, wonach ohne Informationsverlust kein Tabellenbestandteil außen vor gelassen werden darf[47], und die Verringerung des Speicherplatzbedarfs[48].

Die Normalisierung wird in fünf Schritten vollzogen, wie Abbildung 9 zeigt: durch Umsetzung der 1. Normalform, der 2. Normalform, der 3. Normalform, der Boyce-Codd-Normalform, der 4. Normalform und schließlich der 5. Normalform.

---

[44] Quelle: Mylatz (2007)

[45] Quelle: Stickel (1991), S. 41

[46] Quelle: Stickel (1991), S. 41

[47] Quelle: Gabriel, Röhrs (1994), S. 134

[48] Quelle: Niedereichholz, Kaucky (1992), S.25

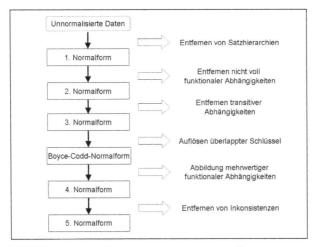

**Abbildung 9: Normalisierungsverlauf[49]**

Wie Abbildung 6 zeigt, werden innerhalb der 1. Normalform die Satzhierarchien entfernt, das bedeutet, dass alle Attribute atomar sind. Es existieren keine zusammengesetzten Attribute oder Wiederholungsgruppen.[50] Dazu werden bestehende Wiederholungsgruppen bzw. mehrdeutige Attribute aus der Tabelle herausgelöst und zusammen mit dem Primärschlüssel zu einer eigenen Tabelle zusammengefügt, so dass alle Wertebereiche und Attribute elementare Werte enthalten.[51]

In der 2. Normalform sind alle Nicht-Primärschlüsselattribute voll funktional vom Primärschlüssel abhängig und nicht nur von Teilen des Primärschlüssels. Außerdem muss immer die vorherige Normalform erfüllt sein.[52]

| Feldname | Felddatentyp |
|----------|--------------|
| 🔑 Projektleiter | Text |
| 🔑 Projekt | Text |
| Adresse | Text |
| Prämie | Währung |

**Abbildung 10: Beispiel 2. Normalform**

---

[49] Eigene Darstellung in Anlehnung an Niedereichholz, Kaucky (1992), S.25

[50] Quelle: Stickel (1992), S. 46

[51] Quelle: Niedereichholz, Kaucky (1992), S. 21

[52] Quelle: Niedereichholz, Kaucky (1992), S. 22

Laut Abbildung 10 bilden Projektleiter und Projekt zusammen den Primärschlüssel. Die Adresse ist nur vom Projektleiter abhängig und die Prämie basiert auf dem Projekt und dem Projektleiter. Diese Relation ist in erster Normalform, da alle Attribute atomar sind. Jedoch ist die Relation nicht in zweiter Normalform, da die Adresse nicht voll abhängig ist vom Primärschlüssel, sondern nur von einem Teil des Primärschlüssels, nämlich dem Projektleiter.

Die 3. Normalform besteht bei Relationen, bei denen keine transitiven Abhängigkeiten zwischen Primär- und Nichtschlüsselattribut vorliegen.[53]

| | Feldname | Felddatentyp |
|---|---|---|
| 🔑 | Projektnr | AutoWert |
| | Projektleiter | Text |
| | Telefonnr | Text |
| | Abgabetermin | Text |

**Abbildung 11: Beispiel 3. Normalform**

In Abbildung 11 ist Projektnummer der Primärschlüssel und alle anderen Attribute hängen voll funktional von diesem Schlüssel ab. Somit ist diese Relation in zweiter Normalform. Für die dritte Normalform ist jedoch der Ausschluss von transitiven Abhängigkeiten notwendig, der in diesem Beispiel nicht gegeben ist, da der Projektleiter von der Projektnummer abhängig ist und die Telefonnummer wiederum vom Projektleiter.

Das Problem transitiver Abhängigkeiten wird in diesem Fall durch die Aufspaltung der Relation gelöst.[54] In der Praxis ist der Normalisierungsprozess mit Erfüllung der 3. Normalform abgeschlossen, in der Theorie besteht jedoch weiterhin die Möglichkeit, dass Redundanzen auftreten, weshalb im Folgenden die drei weiteren Normalisierungsformen erläutert werden.[55]

Im Prozess der Boyce-Codd-Normalform werden wieder, wie bereits innerhalb der 3. Normalform, transitive Abhängigkeiten aufgelöst. Jedoch werden hier diese Abhängigkeiten zwischen potentiellen Schlüsselattributen selbst gelöscht.[56]

Während des Prozesses der 4. Normalform werden weiterhin bestehende mehrwertige Abhängigkeiten eliminiert.[57] Oftmals wird auch die Boyce-Codd-Normalform bereits als Spezial-

---

[53] Quelle: Stickel (1992), S. 55

[54] Quelle: Niedereichholz, Kaucky (1992), S. 22

[55] Quelle: Stickel (1992), S. 56

[56] Quelle: Stickel (1992), S. 61

[57] Quelle: Niedereichholz, Kaucky (1992), S. 23

fall der 4. Normalform betrachtet.[58] Durch die Operationen der 4. Normalform besteht die Möglichkeit von Inkonsistenzen[59], die eine 5. Normalform erforderlich machen, in der es nur noch Einzelabhängigkeiten gibt.[60] Dieser Fall ist jedoch durch die Notwendigkeit einer realitätsbezogenen Interpretation sehr schwer erkennbar[61] und für die Praxis nicht relevant[62].

### 4.1.4 Abfragesprachen

Mit Hilfe von Abfragesprachen ist eine Selektion innerhalb von Tabellen möglich. Bei einer Abfrage ist das Resultat eine Menge. Dies bedeutet, dass jedes Ergebnis einer Suche als Tabelle ausgewiesen wird. Erfüllt kein Datensatz der Tabelle die geforderten Eigenschaften, erscheint eine leere Tabelle.

Die am häufigsten genutzte Abfrage- und Manipulationssprache für Relationen ist die Structured Query Language (SQL).[63] Eine weitere Abfragesprache ist die Query by Example (QBE).

## 4.2 Vorteile

Die Datenstruktur in RDBM ist benutzerfreundlich, da sie für jeden Benutzer plausibel erscheint. Jede Zeile enthält einen Datensatz, der eindeutig mit Hilfe des Primärschlüssels identifiziert werden kann.

Im Gegensatz zu HDBM und NDBM greift eine Datenmanipulation für ganze Tabellen und nicht nur auf einzelne Sätze, wodurch es leicht möglich ist, Datensätze einzufügen, zu löschen und zu modifizieren. Das RDBM steht dem NDBM grundsätzlich in der Schnelligkeit nicht nach.

Des Weiteren besteht die Möglichkeit, dass verschiedene Benutzer mit unterschiedlichen Anforderungen auf dieselbe Datenbank zugreifen können.[64] Zur Ausführung von Anfragen kön-

---

[58] Quelle: Stickel (1992), S. 64
[59] Quelle: Niedereichholz, Kaucky (1992), S. 24
[60] Quelle: Mylatz (2007)
[61] Quelle: Stickel (1992), S. 68
[62] Quelle: Niedereichholz, Kaucky (1992), S. 24
[63] Quelle: Meier (1998), S. 4
[64] Quelle: Schreiber (2007), S. 5

nen spontan gewünschte Verknüpfungen gebildet und in Form neuer Relationen dargestellt werden.[65] Dabei ist die mengenmäßige Abfragesprache (Bsp. SQL) hilfreich.[66]

Ein weiterer Vorteil der RDBM ist die Verringerung der Redundanzen im Gegensatz zu HDBM und NDBM. Die Daten treten nach dem Normalisierungsprozess in der Datenbank nur einmal auf, wodurch eine Reduzierung des Speicher- und Änderungsaufwands erreicht wird.[67]

Vorteilhaft ist außerdem, dass Integrität und Konsistenz in der Datenbank bestehen. Das heißt, die abgespeicherten Daten sind korrekt und vollständig. Dafür gibt es Kontrollroutinen, die bei der Aufnahme oder Änderung von Daten regelmäßig eine Überprüfung des Datenbestandes durchführen.[68]

## 4.3 Nachteile

Ein Nachteil innerhalb der Datenmodellierung ist die Simulation von Attributen. Bei mehrwertigen Attributen müssen die Relationen innerhalb des Normalisierungsprozesses aufgespaltet werden und die Bildung von künstlichen Schlüsseln ist erforderlich.[69] Dadurch entstehen eine Vielzahl von Tabellen und Beziehungen untereinander, wodurch das Datenbankmodell unübersichtlich wird[70] und die Datenbankmodellierung an sich umständlich und ineffizient ist[71].

Nach dem Normalisierungsprozess sind RDBM häufig in der Geschwindigkeit beeinträchtigt, da eine Vielzahl von Relationen existiert. Die Speicherstrukturen der älteren Modelle sind in diesem Fall einfacher und somit schneller.[72]

Nachteilig ist außerdem, dass RDBM, genauso wie NDBM und HDBM das anwendungstypische Verhalten eines Objekts nicht beschreiben können.

---

[65] Quelle: Haindl (1984), S. 50

[66] Quelle: Lusti (1997), S. 188

[67] Quelle: Schreiber (2007), S. 5

[68] Quelle: Schreiber (2007), S. 5

[69] Quelle: Heuer (1997), S. 74

[70] Quelle: Heuer (1997), S. 78

[71] Quelle: Heuer (1997), S. 122

[72] Quelle: Heuer (1997), S. 21

Außerdem haben einzelne Zellen in Tabellen eine feste Maximalgröße, wodurch die Größe der einzugebenden Daten von vornherein beschränkt wird. Beispielsweise ist beim Felddatentyp Text eine maximale Zeichenfolge von 255 Zeichen möglich.

# 5 Schlussbetrachtung und Ausblick

Die heute am häufigsten angebotenen Datenbanksysteme sind relational. Sie können ganze Tabellen manipulieren und nicht nur einzelne Datensätze wie bei HDBM und NDBM. Der Grund dafür sind die Abfragesprachen, die automatisch die Tabelle durchlaufen und Änderungen vornehmen. Dennoch stützen sich einige Grossrechnersysteme noch auf NDBM und HDBM[73], da eine Umstellung auf neuere Modelle einen hohen Aufwand erfordert und die Gefahr des Datenverlustes zu groß ist.

Reicht die feste Tabellenstruktur der relationalen Modelle für das Modellierungsziel nicht aus, greift man auf objektorientierte Datenbankmodelle zu.[74]

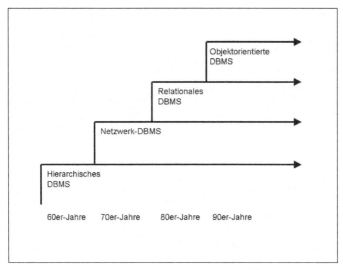

**Abbildung 12: Entwicklung der DBMS[75]**

Diese objektorientierte Struktur ist bereits seit Ende der 1970er Jahre bekannt, wurde aber erst Ende der 1980er Jahre nachgefragt, wie auch grafische Benutzeroberflächen. Die Objekte auf den Oberflächen sind objektorientiert programmiert und durch einen Klick auf das gewünschte Objekt öffnet sich ein bestimmtes Programm.[76]

---

[73] Quelle: Lusti (1997), S. 184

[74] Quelle: Lusti (1997), S. 190

[75] Eigene Darstellung in Anlehnung an Lusti (1997), S. 185

[76] Quelle: Eggendorfer (2004), S. 76f

Objektorientierte Datenbankmodelle werden oft als „künstliche Intelligenz"[77] beschrieben, da sie durch Vererbung Merkmale von einem Parentsegment auf ein Childsegment weitergeben können. Insgesamt können objektorientierte Modelle komplexe Realitäten elegant modellieren, sind aber noch nicht ausgereift genug, um in der Praxis bestehen zu können.[78]

Grundsätzlich kann aber alles auch mit herkömmlichen Datenbankmodellen dargestellt werden. Der Aufwand ist jedoch ungleich höher.[79] Daher liegt die Vermutung nahe, dass objektorientierte Modelle in gewisser Zukunft die relationalen Modelle ablösen werden, so wie bereits die relationalen Modelle das hierarchische und das Netzwerk-Datenbankmodell abgelöst haben. Dies bedeutet aber nicht, dass die älteren Modelle vom Markt eliminiert werden. Da eine Umstellung auf ein neueres System immer mit großem Aufwand und eventuell auftretenden Problemen verbunden ist, verzichten viele Unternehmen darauf und verwenden weiterhin bewährte Modelle.

---

[77] Quelle: Niedereichholz, Kaucky (1992), S. 22

[78] Quelle: Eggendorfer (2004), S. 79

[79] Quelle: Eggendorfer (2004), S. 79

# Quellenverzeichnis

Albrecht, Ralf; Nicol, Natascha: Microsoft Office Access 2003, Das Handbuch, 1. Auflage, Unterschleißheim: Microsoft Press Deutschland, 2004.

Eggendorfer, Tobias: Datenbanksysteme für Wirtschaftsinformatiker, 1. Auflage, Norderstedt: Books on Demand, 2004.

Gabriel, Roland; Röhrs, Heinz-Peter: Datenbanksysteme, 1. Auflage, Berlin/Heidelberg u.a.: Springer, 1997.

Haindl, Thomas: Einführung in die Datenorganisation, 2. Auflage, Würzburg: Physica-Verlag, 1984.

Heuer, Andreas: Objektorientierte Datenbanken, 2. Auflage, Bonn: Addison-Wesley, 1997.

Lusti, Markus: Dateien und Datenbanken, 3. Auflage, Berlin/Heidelberg u.a.: Springer, 1997.

Meier, Andreas: Relationale Datenbanken, 3. Auflage, Berlin/Heidelberg u.a.: Springer, 1998.

Mylatz, Uwe: Datenbanken, http://www.uni-lueneburg.de/einricht/rz/veranst/mylatz/ss07/db/db.htm, 10.04.2007.

Microsoft Corporation, Microsoft Office Access, MS Access-Hilfe: Informationen zu Primärschlüsseln, 2003.

Niedereichholz, Joachim; Kaucky, Gerhard: Datenbanksysteme, 4. Auflage, Heidelberg: Physica-Verlag, 1992.

Reese, Joachim: Datenorganisation, Skript SS 2007, 4. Auflage, Lüneburg, 2007.

Salton, Gerard; MacGill, Michael J.: Information Retrieval – Grundlegendes für Informationswissenschaftler, 1. Auflage, Hamburg/New York u.a.: McGraw-Hill, 1987.

Sauer, Hermann: Relationale Datenbanken, 3. Auflage, Bonn/München u.a.: Addison-Wesley, 1994.

Schmidt, Joachim W.: Datenbankmodelle, in: Datenbank-Handbuch, hrsg. von Lockemann/ Schmidt, 1. Auflage, Berlin/Heidelberg u.a.: Springer, 1987.

Schreiber, Martin: Datenbanksysteme,

dok.uni-lueneburg.de/seminare/einfuehrungdv/Schreiber/Datenbanksysteme.pdf -,

03.05.2007.

Stahlknecht, Peter: Einführung in die Wirtschaftsinformatik, 7. Auflage, Berlin/Heidelberg

u.a.: Springer, 1995.

Stickel, Eberhard: Datenbankdesign, in: Praxis der Wirtschaftsinformatik, hrsg. von Rau/

Stickel, 1. Auflage, Wiesbaden: Betriebswirtschaftlicher Verlag, 1991.

Vossen, Gottfried: Datenmodelle, Datenbanksprachen und Datenbank-Management-Syste-

me, 2. Auflage, Bonn/Paris: Addison-Wesley, 1994.

Wedekind, Hartmut; Härder, Theo: Datenbanksysteme Band 1, 3. Auflage, Mannheim: Wis-

senschaftsverlag, 1991.